Índice

Introducción

La lectura rápida se ha convertido en una habilidad muy atractiva en los últimos años. Mientras el tiempo libre se convierte en una comodidad cada vez más escasa, muchas personas se han dado cuenta de que no pueden leer tanto como quisieran o como podían hacerlo antes. Además, muchos trabajos requieren tiempos de lectura que sobrepasan en gran medida las velocidades convencionales para la comprensión de grandes cantidades de información en un período de tiempo reducido. Por estas razones y muchas otras, hoy en día, más y más personas buscan aprender todas las habilidades que conforman la lectura rápida. En este libro se presentarán varias técnicas de este tipo de lectura, las cuales te permitirán leer de forma más rápida, eficiente y efectiva. Estas técnicas, no solo te ayudarán a aumentar tu velocidad de lectura, también incrementarán tu capacidad de retener la información con mayor facilidad. Además, aprenderás a identificar e ignorar el contenido sin importancia que, generalmente, se presenta en los materiales de lectura. Al terminar este libro, tus habilidades de lectura habrán mejorado tanto que serás capaz de leer un

!libro al día. De hecho, ¡éste será el último libro que leerás lentamente

Lectura Rápida
La Guía Definitiva para Aprender a Leer un Libro en un Día
Autor: Lawrence Franz

LECTURA RÁPIDA

First edition. November 4, 2018.

Copyright © 2018 Lawrence Franz.

ISBN: 978-1386846208

Written by Lawrence Franz.

Capítulo 1: La Verdad sobre la Lectura Rápida

Es necesario que sepas la verdad sobre la lectura rápida si quieres obtener mejores resultados. La mayoría de las personas cree que esta habilidad se limita a leer palabras con celeridad. Aunque esto forma parte del proceso de lectura rápida, no es su parte más importante. En vez de eso, la lectura rápida se basa en la capacidad de comprender la información contenida en un texto en poco tiempo. Esto puede realizarse de maneras diversas, las cuales se enfocan en distintos aspectos de la lectura de un texto escrito. En líneas generales, este modo de lectura implica la distinción entre información relevante e irrelevante. Cuando puedes hacer a un lado el contenido de relleno, puedes enfocar tu atención en las palabras que contienen información vital. Esto te permite obtener la información contenida en un texto en una fracción del tiempo que le tomaría a los demás. Aunque des la impresión de leer a una velocidad superior, el hecho es que estás leyendo de manera inteligente.

Lo contrario a la Lectura Rápida

Lo que la mayoría de las personas espera, una vez han adquirido esta habilidad, es ser capaces de leer miles de palabras por minuto para poder pasearse por un libro como si fueran una máquina. Desafortunadamente, esto es imposible. En primer lugar, porque es fisiológicamente improbable que seas capaz de entrenar tus ojos para percibir más de 500 palabras por minuto. Tratar de ir más allá de este límite reducirá considerablemente tu habilidad para identificar las palabras que ves, además de comprender la información contenida en las mismas. Por lo tanto, aunque la lectura rápida puede aumentar de manera significativa tu velocidad para leer, no puede llevarla más allá de cierto punto. Dicho esto, la velocidad de lectura promedio se sitúa alrededor de unas 200 palabras por minuto. Si logras aumentarla a 500 palabras por minuto, reducirías el tiempo que .te toma leer un libro a la mitad

Es importante entender que la lectura rápida no es un truco de magia. No encontrarás una fórmula secreta, una estrategia que te ayude a leer un texto en la mitad del tiempo que te tomaría normalmente. En lugar de eso, la lectura rápida es una habilidad que se desarrolla con tiempo, constancia y esfuerzo. Es algo similar a levantar pesas. No pensarías que, luego de unos pocos días en el gimnasio, estarás listo para competir en El Hombre de Acero; de la misma manera, no esperes alcanzar altas velocidades de lectura de la noche a la mañana. No te desanimes. Aunque te tomará tiempo llegar a la meta, verás progreso apenas comiences. Solo cuando nos comprometemos a desarrollar una habilidad a diario somos capaces de romper con las barreras que nos impiden alcanzar nuestro máximo potencial. Por lo tanto, no esperes que esto sea fácil y rápido. .Tomará tiempo y esfuerzo, pero al ver los resultados, habrá valido la pena

Entender cómo están escritos los textos

Para entender cómo funciona la lectura rápida, primero debes entender cómo están escritos los textos. Con frecuencia, un texto tendrás más palabras de las que necesita. No hay ninguna mala intención detrás de eso. No es que el autor quiera ocultar la información detrás de las palabras adicionales. Es un asunto de presentación. La verdad es que puedes expresar un pensamiento con tan solo dos o tres palabras, dependiendo de la situación. Si tienes hambre, podrías decir algo como "dame comida". Esas dos palabras son suficientes para dar un mensaje claro. Lamentablemente, también lo harían sonar como una demanda, por no decir que sería grosero. De manera que, es más probable que expreses este mensaje diciendo algo como "Me está dando hambre. ¿Qué tal si vamos por algo de comer?" Esta oración es más común en una conversación, es más educado expresarse de tal manera y el mensaje sería mejor recibido. Sin embargo, también toma más tiempo que la expresión original, implicando que utilizaste más palabras para decir algo muy simple.

Lo mismo ocurre con la escritura. Aunque es posible escribir un documento de manera tal que solo estén presentes las palabras necesarias para dar información, tal texto estaría desarticulado, sería difícil de leer y muy aburrido. De hecho, sería como tratar de leer un directorio telefónico. Por esta razón, la mayoría de los documentos se escriben de forma que sean más agradables para los lectores. Esto significa que estos textos usan muchas palabras, más de las necesarias, para poder dar información. Parte de la lectura rápida consiste en reconocer este hecho y entrenar al individuo para que busque la información en lugar de leer todas las palabras presentes en un documento. Una vez que aprendas a mirar más allá de las palabras, serás capaz de encontrar la información que necesitas sin tener que leer cada una de las palabras escritas en un texto. Así, en lugar de leer "Me está dando hambre. ¿Qué tal si vamos por algo de comer?", serás capaz de ver el contenido de esta oración "dame comida".

Percepción veloz

Cuando entiendes en profundidad lo que implica la lectura rápida, descubres que sería mejor llamarla *percepción veloz*. La razón de esto es que, aunque ciertas técnicas te enseñarán a leer palabras más rápido, muchas, de hecho, ten enseñarán a leer menos palabras. Si la mayoría de las palabras son solo relleno, tiene sentido ignorar esas y concentrarse en las palabras que contienen la información. Ésta es la esencia de la lectura rápida. Mientras desarrollas tus habilidades de lectura rápida, no estarás solo aumentando tu velocidad. En lugar de eso, verás la lectura desde otra perspectiva. Es posible que, de vez en cuando, quieras leer un documento palabra por palabra, específicamente cuando leas por recreación. Después de todo, la poesía no es la misma si solo pasas por las palabras buscando la información relevante. Y como los trabajos de ficción utilizan grandes cantidades de palabras para describir situación, tu experiencia de lectura sería más provechosa si te tomas el tiempo y haces el esfuerzo de leerlas todas.

Sin embargo, es probable que la mayoría de tu material de lectura no sea recreacional. En vez de eso, gran parte de él puede estar diseñado para aprender cosas nuevas o adquirir información relevante. Los periódicos son un buen ejemplo de esto. No necesitas saber todos los detalles sobre un hecho en particular. Saber cuándo, dónde y cómo ocurrió suele ser suficiente. La lectura rápida es la habilidad de ver el periódico y tomar solo la información pertinente sin dejarse llevar por los detalles sensacionalistas utilizados para exagerar la historia. Cuando domines las habilidades de la lectura rápida, serás capaz de leer hojas de cálculo de negocios, memorándums, datos técnicos y cualquier otra clase de documento informativo con mayor velocidad, claridad y capacidad de retención. Esto te convertirá en una persona valiosa en el mundo de los negocios. En lugar de llenar tu mente con palabras innecesarias, serás capaz de identificar la información pertinente y seguir adelante mientras los demás

siguen abriéndose camino en un mar de contenido de relleno. Ésta es la
verdad y el propósito de la lectura rápida.

Capítulo 2: Evaluar tus Hábitos de Lectura
Antes de que comiences a aprender las diferentes técnicas de lectura rápida, es necesario evaluar tus hábitos de lectura. Una de las razones principales de esto es que las técnicas de lectura rápida están diseñadas para romper con malos hábitos particulares con respecto a la lectura y reemplazarlos con hábitos mejores. Por lo tanto, es necesario que identifiques qué malos hábitos practicas con regularidad para poder escoger las técnicas que te bridarán más beneficios.

Otra razón por la cual es importante evaluar tus hábitos de lectura radica en la importancia de que las metas que te plantees sean realistas. Si intentas aprender esta habilidad sin tener una idea clara de lo que quieres realmente, tus resultados no serán medibles ni significativos. Solo cuando determines cómo quieres cambiar tu estilo de lectura podrás dar los pasos necesarios para alcanzar ese objetivo. Por lo tanto, lo primero que debes hacer es observar con detenimiento cómo lees. Esto incluye: tu velocidad, el movimiento de tus ojos, qué tan fácil te distraes, o si sueles o no vocalizar mientras lees. Al reconocer cómo cada uno de esos factores afecta a tus habilidades de lectura, serás capaz de diseñar un régimen de lectura rápida capaz de romper con tus malos hábitos y conseguir los resultados que deseas.

Determinar tu velocidad de lectura

Como dijimos anteriormente, una persona promedio puede leer alrededor de 200 palabras por minuto. Sin embargo, esto no significa que ésta sea tu velocidad de lectura. Cada persona tiene su estilo para leer, y éste tiene un impacto directo en la cantidad de palabras que esa persona puede leer de manera regular. Lo primero que debes hacer entonces, es determinar tu velocidad de lectura para saber dónde estás parado en relación con tu meta.

Hay muchas formas de medir tu velocidad de lectura. Todos estos métodos requieren del uso de un cronómetro, por lo tanto, es importante que tengas uno a mano. Puedes usar cualquier tipo de medidor siempre y cuando éste tenga una alarma para indicarte cuándo detenerte. Si no dispones de ningún tipo de medidor, deberías revisar tu teléfono, la mayoría de los teléfonos tiene una aplicación que puede servir de temporizador. En el peor de los casos, terminarás comprando algún temporizador en la tienda más cercana.

Una vez que lo tengas, lo que debes hacer es buscar algo para leer. Puedes usar cualquier tipo de texto, incluyendo revistas, periódicos, libros e incluso artículos en la red. Lo importante es que te sientas cómodo con el material que vas a leer. Cuando lo hayas seleccionado, debes contar las palabras. Puedes tomarte el tiempo de contar el número exacto de palabras en una página; no obstante, una estimación también servirá para este ejercicio. Para llegar a una cantidad aproximado del número de palabras, solo debes contar cuántas hay en una línea. Luego cuentas el número de líneas por página y multiplicas ambos números. Así, si hay 18 palabras por línea y 30 líneas por página, debería haber 540 palabras aproximadamente (30 x 18). El paso siguiente es preparar tu temporizador para contar el tiempo exacto que necesitarás para leer la página. Como el promedio de velocidad de lectura es de 200 palabras por minuto, puedes ajustar el tiempo a 4 minutos, más que suficiente para 540

palabras. Inicia el temporizador y lee la página. Cuando hayas terminado
.de leer, detén el temporizador y revisa cuánto tiempo utilizaste
Otra forma de determinar tu velocidad de lectura es programar un
temporizador a 2 minutos y leer tanto como puedas hasta que el tiempo
se agote. Cuando la alarme suene, puedes contar el número de palabras
que leíste y dividirlas entre 2. Ésta es una es una forma precisa de saber
cuántas palabras puedes leer en un minuto. Ambos métodos te ayudarán
a tener una idea de tu velocidad de lectura promedio. Saber esto es fundamental para obtener los mejores resultados a la hora de aumentar tu
.velocidad de lectura

Observa el movimiento de tus ojos

Lo siguiente es observar el movimiento de tus ojos mientras lees. Muchas personas creen solo mover sus ojos a lo largo de las líneas a un ritmo moderado sin hacer otro tipo de movimiento. La verdad es que los movimientos de los ojos suelen bruscos e irregulares, yendo de un grupo de palabras a otro y regresando a un punto anterior para buscar entender el contexto. A la acción de enfocar tu mirada en una palabra o grupo de palabras se le da el nombre de "fijación". A la acción de mover tus ojos de una palabra a otra, o de un grupo de palabras a otros se le llama movimientos sacádicos. Cuando hablamos de velocidad de lectura, saber cómo se mueven tus ojos es tan importante como saber qué tan rápido puedes leer.

Determinar esto es muy simple. Lee una línea de cualquier texto y cuenta las veces que mueves tus ojos. Asegúrate de incluir todos los movimientos, ya sean hacia la derecha, la izquierda e incluso cuando mires hacia otra cosa. Tener una idea de cuántos movimientos realizas es importante, así que cuéntalos todos. Puedes leer más de una línea si prefieres; sin embargo, una sola basta para tener una idea de cuánto tiempo y energía gastas en mover tus ojos de manera innecesaria.

El próximo paso es clasificar estos movimientos. Si tu conteo reveló que moviste tus ojos ocho veces mientras leías, necesitas clasificarlos. ¿Cuántos fueron hacia delante, cuántos hacia atrás y cuántos fueron miradas distraídas hacia otras cosas? Esto te mostrará cuánta energía gastas fijándote en palabras, un hábito que la lectura rápida eliminará. Si no mueves demasiado los ojos al leer, entonces, tu trabajo será más fácil. Adicionalmente, si no tuviste la necesidad de releer algún pasaje o si lo hiciste poco, entonces, ya estás bastante bien. Sin embargo, quizá descubras que como muchas personas, tus ojos se mueven a todos lados mientras lees. No es necesario decir que esto reduce tu velocidad de lectura, al igual que tu capacidad de comprender el texto.

¿Vocalizas mientras lees?

Hay una gran probabilidad de que estés vocalizando estas palabras en tu mente mientras lees. Éste es un hábito de lectura común y es uno de los principales responsables de que una persona tenga una velocidad de lectura baja. Desafortunadamente, es uno de los hábitos más difíciles de romper. Esto se debe a la razón por la cual se forma el hábito en primer lugar. En la mayoría de las ocasiones, una persona hace esto porque fue entrenada para hacerlo. Si te remontas a cuando aprendiste a leer, seguro que recuerdas que tu maestro te hizo leer en voz alta. Esto era para asegurarse de que estabas pronunciando las palabras correctamente. Después de un rato, cuando ya habías demostrado una pronunciación adecuada, tu maestro te pidió detenerte. Es probable que lo haya hecho diciendo algo como "lee en silencio". Y así, empezaste a vocalizar mientras leías.

Lamentablemente, a esta edad las personas suelen adquirir hábitos con facilidad. Por esta razón, un hábito como éste es difícil de romper. De cualquier manera, en esta etapa lo importante es saber si cometes o no este "crimen de lectura". La razón principal por la cual esto es un problema es porque a tu mente le toma más tiempo vocalizar que simplemente ver una palabra. Por lo tanto, mientras sigas vocalizando las palabras en tu mente nunca serás capaz de mejorar tu velocidad de lectura más allá de cierto punto, alrededor de unas 300 palabras por minuto. Afortunadamente, hay muchas técnicas de lectura rápida que te ayudarán a romper con este hábito.

¿Estás concentrado?

Finalmente, es importante que te preguntes cómo de concentrado estás cuando lees. Para determinar esto debes tomar algún material de lectura, programar un temporizador a 5 minutos y leer hasta que se agote el tiempo. Debes contar cuántas veces dejaste de prestar atención mientras leías. Incluso si es otra cosa en la página, como otra línea, una foto o una arruga en el papel, todo cuenta. No hay que decir que también cuentan las veces que miras otra cosa que no sea el texto. Simplemente cuenta cuántas veces perdiste la concentración durante esos 5 minutos. Si el número es bajo, entonces ya tienes buena concentración y no necesitas trabajar demasiado en esto; si no lo es, debes enfocarte en mejorarlo. Sin embargo, si el número es algo, como 20 veces o más, entonces debes mejorar tu concentración de una vez. La importancia de esto radica en el hecho de que tu mente necesita tiempo para volver a concentrarse cuando te distraes con algo, lo cual reduce considerablemente tu velocidad de lectura. Por fortuna, hay muchos trucos y técnicas de lectura rápida que pueden ayudarte a resolver este problema.

Capítulo 3: Romper con Malos Hábitos de Lectura

Lo primero que debes hacer para avanzar y mejorar tu velocidad de lectura es eliminar todo aquello que te detiene. Los malos hábitos son comunes en todas las facetas de la vida, no solo en la lectura. De la misma manera que estos malos hábitos pueden evitar que una persona pierda peso, consiga un trabajo o logre algo importante en su vida, también pueden impedirle aprender las habilidades de lectura rápida que necesita. Por lo tanto, antes de iniciar el proceso de aprendizaje de estas técnicas para aumentar tu velocidad y comprensión lectora, debes identificar y erradicar cualquier mal hábito que tengas. No te sientas agobiado si sufres de la mayoría de los hábitos que mencionaremos en este capítulo. Lo cierto es que son hábitos comunes. Muchas personas los tienen, ¡no estás solo! Afortunadamente, hay muchos métodos eficaces y simples para romper con estos malos hábitos. En este capítulo revelaremos esos méto-
.dos para que puedas eliminar tus malos hábitos de una vez

Elimina las distracciones

Una de las razones principales por la cual las personas leen muy despacio es porque no le prestan la atención suficiente a lo que están leyendo. Lo que ocurre es que el cerebro puede cambiar su foco de atención mientras lees, haciendo que los otros sentidos estén más alerta de tu entorno. Por esto, tu oído, olfato e incluso el sentido del gusto pueden hacerse más presentes de lo normal, creando varios focos de distracción para tu mente. La causa de esto es que, cuando lees, la carga visual de tus ojos se reduce drásticamente. Estamos acostumbrados a ver muchas cosas al mismo tiempo. Esta reducción en el campo visual hace que tu mente busque enfocarse en otras cosas del entorno. Es parecido a lo que ocurre cuando cierras tus ojos. Por lo tanto, es de vital importancia que tomes las precauciones necesarias para eliminar las distracciones que puedan ser percibidas por tus otros sentidos.

Asegúrate de leer en un lugar silencioso para evitar la distracción causada por ruidos del ambiente. Uno de los errores más comunes cometidos por la mayoría de las personas es leer con ruido de fondo. Éste puede provenir de la radio, la televisión u otras cosas. Es prácticamente imposible concentrarse en un texto cuando tus oídos están recibiendo emisiones de diálogos, música, entre otras. La música puede ayudar o empeorar la concentración de una persona, pero toma tiempo averiguar si la música de fondo te ayuda o te distrae más. Los otros sentidos, como el gusto y el olfato pueden distraerte con facilidad si tienes hambre. Por lo tanto, asegúrate de leer luego de haberte hecho cargo de necesidades básicas como el hambre y la sed.

Tu mente puede ser otro foco de distracción. Si tienes algún compromiso más tarde ese día, tu mente siempre estará recordándotelo, creando una distracción que evitará que te concentres completamente en tu lectura. De la misma manera, las listas de pendientes siempre estarán presentes en tus pensamientos, recordándote no olvidar cosas como ir a la compra, responder a un correo electrónico o cualquier otra tarea. La mejor manera de evitar estas distracciones es hacerse cargo de todas esas tareas antes de sentarse a leer cualquier material extenso. Solo cuando tu mente está libre de distracciones serás capaz de leer a un nivel eficiente.

Cómo evitar la vocalización

Como mencionamos anteriormente, vocalizar las palabras mientras lees reducirá considerablemente tu velocidad de lectura. Esto ocurre porque la persona promedio puede decir alrededor de 300 palabras por minuto. Por lo tanto, al vocalizar las palabras creas una barrera que tu velocidad de lectura jamás será capaz de superar. La buena noticia es que, a pesar de que este hábito es común y problemático, puede ser superado. Sin embar-.go, requerirá de tiempo y esfuerzo, pero puede lograrse

El primer método para acabar con la vocalización es crear una distracción. Esto podría sonar extraño, ya que las distracciones pueden reducir tu velocidad de lectura; sin embargo, una pequeña distracción puede detener tu vocalización sin causar un impacto negativo. Una de estas distracciones puede ser masticar un pedazo de chicle. Esta acción evitará que vocalices las palabras en tu mente. En otras palabras, mientras estás masticando, tu mente evitará vocalizar las palabras porque no estarás en capacidad de hablar con facilidad. De cierta forma, es como si tu mente practicara buenos modales. Como hablar con la boca llena es de mala educación, tu mente evitará vocalizar mientras masticas. Puedes masticar un chicle durante un rato largo, permitiéndote leer con mayor .velocidad sin necesidad de un diálogo interno

Otra distracción que puede eliminar la vocalización es escuchar música mientras lees. Esto funciona mejor para algunas personas; otras podrían distraerse mucho con la música. Lo importante aquí es intentar con distintos tipos de música, para ver cuál te funciona. Muchas personas concuerdan en que la música instrumental distrae menos que la música vocal. Esto es porque tu mente suele enfocarse en las palabras que escuchas. Por lo tanto, como la música instrumental no posee palabras, no causará demasiadas distracciones. No obstante, será suficiente para evitar .que vocalices en tu mente las palabras que lees

Si ninguno de estos métodos te sirve para eliminar este mal hábito, siempre puedes tratar de contar mientras lees. Éste es el método más complicado, pero es el que suele dar resultados si los anteriores fallan. La explicación de esto es que estás rompiendo con tu hábito de vocalizar palabras al vocalizar otra cosa, en este caso, números. Una vez que desarrolles la habilidad de leer mientras cuentas en tu mente habrás acabo con el hábito de vocalizar las palabras. El próximo paso será dejar de contar mientras lees y, luego, estarás curado.

Aprender a reducir el movimiento de tus ojos mientras lees

Los estudios han demostrado que una persona promedio lee moviendo sus ojos en todas direcciones. Al avanzar en el texto, tus ojos saltarán de la palabra que estás leyendo a otra que está más adelante en la línea. Estos movimientos aleatorios y erráticos reducen la velocidad de lectura de cualquier persona. Lo cierto es que solo puedes leer cuando tus ojos están quietos. Por lo tanto, cuanto más muevas tus ojos, menos leerás. Aprender a reducir la cantidad de veces que mueves tus ojos es fundamental para convertirse en un lector veloz y eficiente.

El primer método para lograr esto es entrenar tus ojos para moverse a ciertos puntos en una misma línea de texto. Aunque pienses que solo puedes ver una palabra a la vez, la verdad es que tu visión periférica te permite ver hasta cinco o seis palabras al mismo tiempo. Los datos recolectados en estudios sobre este tema sugieren que somos capaces de ver dos palabras hacia la izquierda y entre tres y cuatro hacia la derecha. Esto implica que somos capaces de leer una línea de texto completa enfocándonos en lugares específicos de la misma. Si la línea tiene veinte palabras, puedes leerla en tan solo tres movimientos de tus ojos. Aprender a hacer esto aumentará drásticamente tu velocidad de lectura.

Quizá la forma más fácil y eficiente de entrenar tu visión para llevar esto a cabo es utilizar una ficha. Coloca la ficha por encima de la línea que vas a leer y marca una x en la primera palabra. Coloca otra x cuatro palabras más adelante. Repite este proceso hasta completar la línea. Una vez que hayas marcado la ficha, lee la línea manteniendo fija tu visión en las palabras marcadas con una x. Al inicio, esto puede resultar muy extraño, puede que no leas todas las palabras de la línea. Sin embargo, con algo de práctica desarrollarás tu percepción periférica, permitiéndote ver y leer palabras en las cuáles no estás enfocando tu visión. Con el tiempo, serás capaz de colocar las marcas en lugares más alejados, cada quinta o sexta palabra. Esto te permite leer por "trozos" de la línea, y romper con el hábito de concentrarse en una sola palabra a la vez. Cuando lees de esta manera, se hace difícil vocalizar lo que lees, así que de esta manera puedes .atacar dos malos hábitos con un solo ejercicio

Romper con el hábito de regresar a leer lo anterior

El último hábito que evita que las personas desarrollen una buena velocidad de lectura es regresar para leer lo anterior. El hábito se explica por sí mismo, es la acción de volver a un pasaje anterior y releerlo para entenderlo mejor. No es necesario decir que si das dos pasos hacia atrás cada vez que avanzas uno, te tomará mucho tiempo progresar. Desafortunadamente, muchas personas poseen este hábito, y es el que evita que desarrollen todo su potencial como lectores.

La buena noticia es que éste es, probablemente, el hábito más fácil de superar. El método más simple para lidiar con esto es cubrir las palabras luego de leerlas. Cuando las palabras dejan de ser visibles, te sentirás menos tentado a regresar y leerlas otra vez. Este proceso puede reducir tu velocidad de lectura porque debes tomarte el tiempo de cubrir las palabras mientras lees, pero es un ejercicio que no durará mucho tiempo. Una vez que rompas con la tentación de releer el texto, puedes dejar de cubrir las palabras. No debes cubrir más que las palabras anteriores, así que una ficha bastará para llevar esto acabo.

Otro método para evitar la relectura de un texto es usar un apuntador para señalar las líneas del mismo mientras lees. Este método está asociado con el aumento de la velocidad de lectura, pero también puede servirte para mantenerte concentrado en el contenido que sigue en lugar de lo que acabas de leer. No necesitas leer moviendo un dedo para seguir todas las líneas del texto. Solo debes usar este método hasta que rompas con el hábito de releer. Al final, descubrirás que mientras sigues leyendo, las ambigüedades y dudas serán aclaradas, haciendo de la regresión algo completamente innecesario. Con frecuencia, la información importante suele ser repetida en un texto, por lo tanto si no la entendiste la primera vez, lo harás cuando vuelva a aparecer. Además, el contexto te ayudará

a entender cualquier duda que surja mientras lees, haciendo que sea in-
.necesario absorber todas y cada una de las palabras que leas

Capítulo 4: Crear Buenos Hábitos de Lectura

Ahora que conoces los malos hábitos más comunes y cómo superarlos, es tiempo de empezar a desarrollar buenos hábitos de lectura. Cuando dejes atrás todo lo que te retiene y empieces a practicar hábitos y técnicas positivos, podrás liberar tu verdadero potencial como lector. No solo aumentarás tu velocidad de lectura, también serás capaz de retener y utilizar de manera más eficiente la información contenida en cualquier texto escrito. Algunas de las técnicas más comunes y efectivas pueden ser más simples de lo que te imaginas. De hecho, los buenos hábitos de lectura giran en torno al sentido común. En este capítulo revelaremos los cuatro mejores hábitos de lectura que aumentarán tu velocidad y comprensión lectora.

Escoger el lugar y tiempo adecuado

Uno de los errores cometidos por la mayoría de las personas es decidir en qué hora del día leer. Es conocido el hecho de que la energía para realizar actividades físicas fluctúa dependiendo de la hora, haciendo que ciertos momentos sean mejores para realizar esfuerzo físico. No creerás que podar el césped a media noche será más fácil que hacerlo por la tarde. Dejando a un lado la oscuridad, el hecho es que tus niveles de energía a media noche son más bajos que por la mañana. Por lo tanto, cualquier labor que requiera esfuerzo físico sería más difícil debido a la reducción de tu energía. Tu energía mental trabaja bajo el mismo principio. Será más difícil llevar a cabo cualquier actividad física a altas horas de la noche de lo que sería realizarla en cualquier otro momento del día.

De manera tal que si deseas leer de manera más eficiente y eficaz, debes escoger una hora del día en la cual tu energía mental esté al máximo. Aunque es cierto que todos somos distintos, y puede que tus niveles de energía estén a tope en horas diferentes, lo más probable es que tu mente esté más activa durante las últimas horas de la mañana y las primeras de la tarde. No obstante, siempre es mejor descubrir qué horas funcionan mejor para ti. Puedes probar leyendo a distintas horas del día para ver cuál te funciona. Solo debes prestar atención a tus niveles de concentración, qué tan fácil se te hace leer el material, qué tan rápido puedes leerlo y qué tanta información puedes retener. Una vez hayas descubierto cuál es la hora indicada para ti, es importante que reserves ese tiempo para cualquier material extenso o serio que necesites leer.

El lugar es tan importante como la hora. Con frecuencia, las personas creen que pueden leer en cualquier lugar y a cualquier hora. Desafortunadamente, cuando lees en el ambiente equivocado, tu atención puede desviarse con facilidad, haciendo de la lectura una tarea imposible. Por lo tanto, es de vital importancia que descubras qué ambientes funcionan mejor para ti cuando tienes que leer algo importante. Seguramente crees que el mejor lugar para leer es cualquier lugar aislado; pero esto no es necesariamente cierto. Aunque estos ambientes son propicios para cier-tas personas, el silencio y el asilamiento pueden ser perturbadores para otras, convirtiéndose en otra fuente de distracción. Es importante que te tomes tu tiempo para averiguar lo que es mejor para ti. Lee en lugares con cantidades distintas de ruido y actividad. Una vez que descubras el ambiente ideal para ti, asegúrate de realizar tus lecturas en él tanto como puedas.

Elegir el material adecuado

El hecho de que tu energía mental esté en su pico durante el día, no significa que no debas leer nada por las noches. Esto solo implica que deberías evitar leer cierto tipo de material a estas horas. A muchas personas les gusta leer antes de dormir, les ayuda a relajarse. Sin embargo, si utilizas este tiempo para leer algún texto académico o que contenga instrucciones, estarás desperdiciando tu energía. La clave está en elegir el material adecuado para cada momento del día. Cualquier texto que requiera mucha concentración y análisis debe ser reservado para los momentos en que tu mente esté más activa. Esto, no solo te asegurará que puedas leer el material más rápido y fácilmente, también podrás entender toda la información contenida en el mismo.

Cualquier lectura nocturna debe estar restringida a materiales ligeros como la ficción o algo que requiera menos concentración que un material académico. Debe ser un tipo de material diseñado para estimular la imaginación en vez del intelecto, haciéndolo más fácil para las horas en que tu capacidad intelectual necesita descanso. De hecho, muchas personas encuentran difícil la lectura de textos ficcionales durante las mañanas, debido a que sus mentes están más dispuestas para desafíos intelectuales que para fantasía e imaginación. De cualquier manera, éstas son generalizaciones y siempre debes descubrir lo que es mejor para ti. Trata de leer diferentes tipos de textos a distintas horas del día para determinar qué hora es mejor para cierto tipo. Luego, asegúrate de leer el material adecuado a la hora correcta.

Aprender a leer el contenido en lugar de las palabras

Si lees un libro con el fin de relajarte y que tu mente vaya a la deriva en el reino de la fantasía, entonces, leer el texto palabra por palabra no es algo malo. Sin embargo, si estás leyendo para obtener información específica, entonces, leer palabra por palabra puede ser una pérdida de tiempo y energía. Para simplificarlo, hay dos tipos de lectura. Primero, hay una lectura con fines estéticos. Esto cubre los géneros como la ficción, la poesía y otros afines, en los cuales las palabras son fundamentales en la construcción de una escena y/o ambiente. El segundo tipo es la lectura informativa. Éste es el tipo de lectura que haces cuando investigas, lees noticias o sigues instrucciones. También es el tipo de lectura en la cual leer todas las .palabras es innecesario

El truco para obtener información de un texto rápidamente es ubicar las palabras clave. Esto te permite ver el contenido sin necesidad de leer cada palabra del texto. Una manera de concentrarse en el contenido en lugar de las palabras es tener una lista de palabras relevantes. Con frecuencia, leerás para descubrir información específica sobre el texto. Si lees todo, estarás obteniendo información que no necesitas. Sin embargo, sí sabes lo que necesitas puedes ubicar la información con mayor facilidad y rapidez. Al enfocarte solamente en las secciones del texto que contienen la información que necesitas, puedes reducir el tiempo de lectura en el 75%. A esto nos referimos con leer el contenido en lugar de las .palabras

Ejercita tu mente

Finalmente, éste es el factor que separa al verdadero lector veloz de los demás. Éste es el hábito de ejercitar tu mente. De la misma manera que ejercitar tu cuerpo te ayudará a mejorar tu desempeño físico, la mente también mejora su capacidad con el entrenamiento. Cuanto más ejercites tu mente, más capaz y fuerte se hará. Por fortuna, entrenar tu mente toma menos tiempo y esfuerzo que hacer lo mismo con tu cuerpo. De hecho, si sigues los siguientes dos ejercicios conseguirás los resultados que deseas en la lectura rápida con facilidad y prontitud.

El primer ejercicio es expandir tu vocabulario. Aunque la velocidad de lectura de una persona se ve reducida por distracciones, malos hábitos de lectura y otras cosas, la verdad es que la falta de vocabulario puede tener el mismo efecto. Si no conoces una palabra, puedes tropezarte con ella mientras lees como si fuera una piedra en el camino. Por lo tanto, es importante que te tomes tu tiempo y hagas un esfuerzo por expandir tu vocabulario para aumentar tu eficiencia como lector. Afortunadamente, hay muchas formas de lograr esto. Hay almanaques que contienen una palabra por día. Estos pueden ayudarte a ganar más vocabulario de una manera relajada y constante. También hay fuentes en línea que te ofrecen una palabra diaria u otros formatos que te enseñan palabras nuevas a un ritmo estable y razonable.

El segundo ejercicio es simplemente leer más. Como todo lo demás en la vida, en la práctica está la perfección. Las personas que leen más lento suelen ser aquellas que leen menos. Por el contrario, si una persona lee mucho, su velocidad y comprensión lectora son mejores. Por lo tanto, quizá el aspecto más relevante de desarrollar tus habilidades de lectura rápida es tu familiaridad con la acción de leer. Cuanto más leas, tu mente se sentirá más cómoda haciéndolo. Leer más también te permitirá poner en práctica las técnicas de lectura rápida con mayor frecuencia, permitiéndote dominarlas mucho más rápido.

Capítulo 5: Técnicas Comprobadas para la Lectura Rápida
El próximo paso para desarrollar tus habilidades de lectura rápida es practicar las técnicas más efectivas. Aunque hay muchas que pueden ayudarte a mejorar tu velocidad y comprensión lectora, solo necesitas unas pocas para lograr tu objetivo. De hecho, es recomendable que comiences con una o dos en lugar de aprenderlas todas de una vez, dominando éstas antes de estudiar y practicas otras. Los siguientes son los cuatro métodos que garantizan tu transformación en un profesional de la lectura rápida. Una vez que comiences a practicarlos notarás resultados inmediatos y significativos. No es necesario decir que cuanto más los practiques, mejores resultados alcanzarás. Algunos estudios han demostrado que tu velocidad de lectura aumenta de manera exponencial en tan solo cinco semanas .cuando pones en práctica a diario estos métodos

Leer secciones del texto de manera superficial para obtener información relevante

La lectura superficial es una de las técnicas más comunes dentro de la lectura rápida. Aunque la idea de realizar este tipo de lectura de un texto puede ser obvia, el hecho es que ésta suele ser confundida con su contraparte: escanear. Cuando lees de manera superficial, estás buscando la información relevante contenida en el texto. La mayoría del tiempo no estarás seguro de cuál es esta información, lo que implica que no puedes solo buscar las palabras clave. En lugar de eso, debes descubrir la información mientras lees. Esto significa que debes leer buena parte del texto; sin embargo, no tendrás que leerlo todo.

El escaneo consiste en leer el primer y último párrafo de una sección del texto. Esto es más simple cuando no se trata de textos de ficción, ya que saltarse parte de estos implica perderse la trama, contexto y detalles relevantes. No obstante, en el caso de materiales de distinta naturaleza donde la información se presenta al comienzo de una sección y se repasa al final de la misma, puedes obtener todos los detalles que necesitas al leer estas porciones y saltarte las intermedias. Lo único que perderás al hacer esto serán las explicaciones referentes al tema. Toda la información relevante será presentada al final, haciendo de ésta la sección más importante del texto.

La mejor manera de hacer la lectura superficial es tener una lista de preguntas en tu mente referentes a la información que buscas. Preguntas como *quién, por qué, cuándo* y *cómo* son las más comunes y útiles cuando tratas de entender la esencia de un tema particular. Si puedes contestar todas tus preguntas al leer las secciones del inicio y del final, entonces, ya sabes que has obtenido toda la información necesaria. Además de leer estas secciones, puedes revisar los subtítulos o encabezados que aparezcan en el texto, descripciones al pie de las imágenes, índices y cualquier otro detalle del texto que pueda condensar la información del mismo. A veces puedes llegar a la esencia de un artículo con solo leer su título, subtítulos y cualquier descripción corta contenida en el cuerpo del texto. Esto puedo ahorrarte leer cantidades innecesarias de texto cuya única función es hacer del mismo un escrito más largo.

Escanear el texto para buscar palabras clave

Ésta es otra técnica comprobada para la lectura rápida. Aunque puede parecer idéntica a la lectura superficial, a primera vista hay una diferencia simple y fundamental. Cuando lees de manera superficial, estás buscando información desconocida. Sin embargo, cuando escaneas un texto, estás buscando la información que ya conoces. Es parecido a cuando buscas una película o una serie en una teleguía o en Netflix. Cuando buscas algo en particular, omites toda la información que no te esté relacionada, haciendo que tu búsqueda sea más rápida y eficiente. Imagínate cuánto tiempo te llevaría buscar la serie o película si te tomarás el tiempo de leer todos los títulos que te encontraras en una lista. Cuando dieras con el correcto, habrías estado buscando por horas. En vez de eso, pasas por encima de todo el texto que es irrelevante, buscando palabras clave es-

.pecíficas, imágenes o nombres. En esto consiste el arte de escanear Su función principal es localizar información específica dentro del texto para su uso inmediato. Ente los tipos de información que se pueden obtener mediante esta técnica figuran: nombres, direcciones o fechas, entre otros. Por lo tanto, ésta técnica no será la más utilizada en tus lecturas regulares, en lugar de eso, será para situaciones específicas. También puedes escanear un texto para determinar si contiene la información suficiente para leerlo con mayor detenimiento. Ésta técnica es muy efectiva para las personas que están realizando una investigación de un tema en particular. En vez de leer muchos artículos, puedes escanear cada texto para determinar su utilidad. Esto no solo te ahorrará tiempo, también te

.asegurará que leas de forma más productiva Puedes enfocarte, de la misma manera que con la lectura superficial, en las secciones iniciales y finales del texto, encabezados, tablas, notas al pie de una foto y otros detalles. Al buscar palabras específicas serás capaz de escanear el texto, sin importar su extensión, con rapidez y facilidad.

Cuantas más palabras clave encuentres, más valioso será el texto para ti. Por el contrario, si encuentras pocas o ninguna luego de escanear por un rato, lo más probable es que debas dejar ese texto de lado y revisar otro.

Lee en un orden diferente

En ocasiones tendrás que leer un texto completo por alguna razón, lo que implica que no podrás hacer uso de la lectura superficial ni del escaneo. Podría parecer tentador volver al viejo hábito de leer un texto palabra por palabra en el orden en el cuál está escrito. Por fortuna, hay una técnica que puede ayudarte a completar esta tarea con rapidez y sin perder detalle alguno. Esta técnica es leer en un orden distinto a lo normal. Como mencionamos antes, la información más importante de un artículo o texto informativo se encuentra en al inicio y al final. Por lo tanto, si lees ambas secciones te familiarizarás con el tema aunque no tengas conocimientos previos del mismo. Una vez hagas esto, podrás leer el cuerpo del texto con mayor facilidad y rapidez. Al reconocer los términos y conceptos, podrás digerir las explicaciones más exhaustivas sin mayores problemas. Si tienes que leer un texto que está lleno de información relevante, siempre lee la sección inicial y final antes de leer la del medio.

Otra estrategia es leer toda la información disponible sobre el texto.

La mayoría de los libros cuentan con una descripción breve sobre los contenidos del mismo, el autor y algún detalle relevante sobre el tema a discutir. Muchas personas evitan leer estas descripciones, viéndolas como piezas promocionales cuya única función es lograr aumentar las ventas. Sin embargo, los lectores habilidosos reconocen el valor de estas partes por la información condensada que contienen. Leer estas descripciones es como ver el avance de una película. Aunque éste no provee todo el contenido de la película, te da una idea sobre los personajes, la trama y, en algunas ocasiones, el desenlace. Cuando vas a ver una película tras haber visto el avance, ya sabes qué esperar de la misma, permitiéndote disfrutar de los detalles sutiles. Éste es el mismo tipo de beneficio que te traerá leer la descripción de un texto antes de leerlo.

Leer con un propósito

Todo se resume en un concepto simple—leer con un propósito. Ya sea escaneando, leyendo de manera superficial o cambiando el orden, la clave está en tener un propósito para leer un texto. Las personas que leen solo por leer, en lugar de buscar la información en el texto, suelen ser los lectores más lentos. Sin embargo, cuando lees con el objetivo de reunir información, notarás cómo tus hábitos de lectura cambian completamente, .permitiéndote leer más rápido y obtener más información en el proceso

Comprar es una buena analogía para esto. Hay dos formas básicas de hacer compras: la primera es tantear el terreno; la segunda, ir de cacería. Cuando una persona va a tantear el terreno, tiene pocas o ninguna intención de comprar algo. Podría pasar todo el día yendo de tienda en tienda y sentir que no ha perdido el tiempo. Esto ocurre porque no tiene ningún objetivo en particular. En vez de eso, solo quiere pasar el tiempo caminando de un lugar a otro, viendo todo lo que está disponible. La mayoría de las personas lee de esta manera. Observan todas las palabras, absorbiendo todo al mismo ritmo. En lugar de buscar información específica, miran toda la información, utilizando todo el tiempo que tienen .disponible para procesarla

Lo contrario sucede al ir de cacería. Esto ocurre cuando una persona tiene la misión de encontrar y adquirir un objeto en específico. Puede que vaya a tiendas diferentes para encontrar el mejor precio, pero esto no es igual que tantear el terreno. Incluso cuando la persona visita muchas tiendas, no pasará mucho tiempo en ellas, solo verá si el precio es el adecuado o si el objeto está disponible. Si no está allí o es muy caro, se marchará a otra tienda. Leer con propósito es como ir de cacería. En lugar de gastar el tiempo leyendo cantidades innecesarias de texto, se lee con precisión buscando la información requerida. Si el texto contiene esa información, lo lees; pero solo lo necesario. De lo contrario, lo dejas a un lado y continúas. Leer con un propósito puede reducir considerablemente la cantidad de tiempo que utilizas para leer un texto. Al igual que ir de cacería es un viaje de compras más rápido que tantear el terreno. Además, siempre obtendrás lo que necesitas, nada más y nada menos.

Capítulo 6: Crear una Rutina para Practicar la Lectura

Es necesario reafirmar la importancia de practicar estas técnicas a diario. Desarrollar cualquier habilidad requiere constancia y dedicación. La lectura rápida no es una excepción a esta regla. Una manera de medir tu progreso en la lectura rápida es compararlo con el entrenamiento físico de un culturista. La forma más efectiva de desarrollar músculos más fuertes es entrenando regularmente. De igual importancia es realizar los ejercicios adecuados para tus metas particulares. Como algunas técnicas han sido diseñadas para ciertos tipos de texto, es de necesario que identifiques qué tipo material sueles leer con mayor frecuencia para identificar qué técnicas te traerán mayores beneficios. En este capítulo, mencionaremos los tipos de lectura para que puedas crear una rutina diaria que te ayudará a obtener los mejores resultados posibles en la lectura rápida. Si escoges o no una o más de las técnicas presentadas a continuación, lo más importante es que te comprometas a practicar tu lectura con regularidad. .Ésta es la única forma de obtener los resultados que deseas y te mereces

Cómo practicar la lectura rápida de libros

Si eres la clase de persona que lee más ficción que otra cosa, entonces deberás enfocarte en las técnicas de lectura rápida que tienen como objetivo leer un texto completo de forma más rápida y eficiente. Una de las técnicas para esto es agrupar palabras. Este método requiere mucha práctica ya que no solo te hace leer más rápido, también te hace leer de una manera completamente distinta a lo usual. La mejor forma de practicar este :método es la siguiente

Escoge un texto simple. De la misma manera que un novato• en el gimnasio comienza con pesos ligeros, cuando empieces con la lectura rápida, debes hacerlo con textos simples. El tamaño de la letra debe ser lo bastante grande para leer con facilidad, y las palabras deben ser simples. Si comienzas con un texto complejo, tanto el ejercicio como la lectura se harán .complicados, haciendo que se te haga más difícil progresar

Ve despacio. El método de agrupar las palabras requiere• tiempo. En lugar de intentar leer cinco o seis palabras al mismo tiempo, comienza con dos. Esto te ayudará a familiarizarte con el proceso, en vez sentirte agobiado por él. Cuando te acostumbres a leer dos palabras al mismo tiempo, aumenta a tres, luego a cuatro, eventualmente podrás leer cuatro, cinco o .seis

Fija una meta. Otra forma de medir tu progreso es planteando• metas concretas. En el caso de agrupar palabras, puedes plantearte aprender a leer dos palabras a la vez, con facilidad, en siete días. Invierte los siguientes siete días en aprender a leer tres. Si te das una semana para ir avanzado de manera progresiva, mejorarás a un ritmo estable y significativo. Aunque un mes parezca demasiado tiempo para lograr esta meta, tienes que interiorizar que al final del primer mes estarás leyendo cuatro o cinco veces más rápido que antes. Ese es un gran logro por sí solo.

Organiza tu tiempo. Si tratas de practicar a distintas horas y en diferentes lugares, te darás cuenta que tu progreso será más lento. Por lo tanto, es importante que organices tu tiempo para practicar a una hora y lugar específicos. Al practicar a la misma hora y bajo las mismas condiciones, podrás poner toda tu concentración y energía en el ejercicio, garantizando los mejores resultados por tu esfuerzo.

Cómo practicar la lectura rápida de noticias

Leer las noticias es algo totalmente distinto a leer ficción. Esto implica que las técnicas que lectura rápida para este tipo de texto serán diferentes. La lectura superficial es quizá el mejor método para obtener la información relevante de cualquier texto relacionado con noticias, ya sea en un periódico, artículo en línea u otros formatos similares. La mejor manera de practicar esto es la siguiente:

• **Haz una lista de preguntas**. Como mencionamos antes, la mejor manera de obtener información mediante la lectura superficial es buscar respuestas a preguntas específicas. Por lo tanto, lo primero que debes practicar es el arte de formular preguntas. La mejor forma de hacer esto es leer el encabezado de la noticia y preguntarte qué información en particular quieres saber sobre ese tema. Una vez que tengas una lista, lee el artículo completo, sin preocuparte por la velocidad. Anota la información pertinente y compárala con tu lista. ¿Tus preguntas fueron suficientes o te faltó alguna? Al principio, puede que te falte una pregunta o dos; no obstante, una vez que hayas practicado este ejercicio varias veces, entenderás cuántas preguntas debes hacer para obtener toda la información relevante.

• **Practicar la lectura superficial**. Una vez que sepas qué preguntas debes hacer, puedes comenzar a practicar la lectura superficial. Toma un artículo, anota tus preguntas y empieza a leer el texto de manera superficial buscando respuestas. Enfócate en secciones resaltadas como encabezados, notas al pie de las fotos, citas y cualquier otra cosa que se distinga del resto del texto. Trata de encontrar todas las respuestas en estas

.secciones

Desarrolla tu velocidad. En ocasiones, tendrás que leer•
porciones enteras del texto para encontrar la información que
necesitas. En ese caso querrás practicar leyendo las líneas
rápidamente, utilizando un dedo como guía para ver las
palabras de forma rápida y uniforme. Lo importante es obtener
información, así que lee tan rápido como puedas sin perder la
capacidad de reconocer la información pertinente cuando
aparezca. Mientras desarrollas esta habilidad, tu velocidad
aumentará de manera automática, así que no debes enfocarte
mucho en ese aspecto. Solo recuerda que practicar todos los
días es la clave para desarrollar tu velocidad, así que mientras te
.esfuerces en esto, obtendrás resultados

Cómo practicar la lectura rápida de textos expositivos

Leer esta clase de textos es similar a leer noticias; sin embargo, aquí seguramente tendrás cierta familiaridad con la naturaleza de la información que estás buscando. Por lo tanto, el método que querrás utilizar para practicar este tipo de lectura es escanear el texto. Como planteamos antes, la diferencia fundamental entre la lectura superficial y el escaneo es que en el segundo método tendrás una lista de palabras clave para buscar; :en el primero, no. La mejor forma de practicar el escaneo es la siguiente

Identifica tus objetivos principales. Lo primero que debes• saber es qué partes del texto podrían contener la información que buscas. Toma un artículo que ya conozcas y haz una lista de palabras clave contenidas en el mismo. Luego, lee el artículo completo, resaltando cada palabra clave a medida que la encuentres. Puedes utilizar un resaltador o poner la palabra dentro de un círculo. Cuando hayas terminado, mira dónde están ubicadas las palabras resaltadas. Te darás cuenta de que se encuentran agrupadas en secciones específicas. Repite el proceso con otros dos o tres artículos. Al final, encontrarás un patrón sobre la ubicación más común de las palabras clave. .Estas secciones deben ser tus objetivos principales

Practica el escaneo con textos nuevos. Ahora que has• identificado tus objetivos principales, puedes ver qué tan efectiva es esta técnica al leer textos nuevos. Es importante que tengas algunas palabras clave que encontrar en estos artículos, ya que es un requisito para escanear. Cuando tengas las palabras clave en una lista, trata de encontrar todas las que puedas en estos objetivos principales. Si no las encuentras todas, puedes considerar si las faltantes son necesarias o no. Si son necesarias, lee el artículo completo para localizarlas. Esto te dará una idea sobre qué otras secciones del texto debes revisar .cuando escanees un artículo nuevo

● **Desarrolla tu velocidad.** Finalmente, practica el escaneo utilizando un temporizador. Puedes comenzar utilizando un minuto, y ver si puedes localizar todas las palabras en ese tiempo. Una vez que puedas lograr esta meta con regularidad, puedes reducir el tiempo en unos segundos. Eventualmente, serás capaz de leer un artículo en tan solo veinte segundos, .obteniendo toda la información relevante que necesites

La necesidad de disciplina

No es una gran revelación que la disciplina es la clave del el éxito en cualquier esfuerzo. Solo puedes esperar tener éxito cuando eres constante y dedicado. Sin embargo, hay ciertos detalles de la disciplina que no suelen ser explorados. Las áreas claves de la disciplina en las cuales debes en-:focarte para desarrollar tus habilidades de lectura rápida son

Practicar a diario. Ya habrás leído estas palabras muchas veces• en este libro y seguirás encontrándolas antes de que termine. La razón principal de esto es que la disciplina es fundamental para desarrollar la lectura rápida. Si dejas de practicar durante mucho tiempo, revertirás todo el progreso que hayas alcanzado. Por lo tanto, asegúrate de practicar todos los días para refinar .tus habilidades

Practica a un ritmo razonable. A veces, te sentirás tentado a• apurar el ritmo para obtener resultados en menos tiempo, saltándote pasos importantes, o aumentar el nivel de dificultad. Aunque esto no será tan peligroso como si intentarás levantar más peso del que puedes manejar, sería igual de tonto. Desarrollar una habilidad es cuestión de seguir un proceso. Debes caminar antes de poder correr. Por lo tanto, debes darte la oportunidad y el tiempo necesarios para asegurar que puedas .desarrollar tus habilidades de manera adecuada

Repetir los pasos siempre que sea necesario. Algunas de estas• habilidades requieren más tiempo que otras. Esto se debe a que cada persona es diferente y cuenta con ciertas habilidades que le ayudan a destacar en un ámbito determinado. Sin embargo, siempre habrá algo que le cueste más trabajo. Si debes repetir un paso o practicar algo por más tiempo, hazlo. Nunca trates de ir más rápido por el simple hecho de ir más rápido. Trata siempre de desarrollar una habilidad al máximo antes de aprender la siguiente. Es necesaria mucha disciplina para darte cuenta de que no estás listo para avanzar.

•

Capítulo 7: Ejercicios

En ocasiones, no serás capaz de leer mucho en un día. Es entendible que tu horario puede cambiar por razones inesperadas de vez en cuando, alterando tu rutina diaria. Por fortuna, esto no es un problema. Si esta situación llega a pasar y no dispones de tiempo para leer una cantidad normal de material, puedes realizar algunos ejercicios rápidos y simples para seguir refinando tus habilidades de lectura rápida. A continuación, presentamos algunos de estos ejercicios que, en conjunción con algunas herramientas en línea, serán de utilidad durante el desarrollo de tus ha-
.bilidades de lectura rápida

Practicar la lectura con un temporizador

Éste es un ejercicio fácil de realizar con cualquiera de las técnicas que se han mencionado antes. Puedes elegir leer parte de un texto en cierta cantidad de tiempo para asegurar que tu velocidad está al máximo, o puedes probar tu desempeño al usar técnicas como la lectura superficial o el escaneo para determinar a qué ritmo adquieres información específica. Lo importante es diseñar un ejercicio medido con tiempo, que se ajuste a tus necesidades. En el caso de que leas un texto regular puedes programar el temporizador para dos minutos y contar el número de palabras que debes leer en ese tiempo. Aunque esto se vea como una acción simple, te ayudará a mantener tu mente siempre preparada y enfocada para el momento en que tengas que leer artículos más largos.

Cuando se trate de practicar la lectura superficial y el escaneo con una duración de tiempo, el enfoque debe estar orientado a la información en lugar de al número de palabras. Ajusta el temporizador para un minuto y utiliza alguna de estas técnicas en el documento seleccionado. Al acabar el tiempo, revisa si has obtenido la información que necesitabas. Es importante recordar que el tiempo se reducirá en función de tus habilidades, un minuto es solo un ejemplo. Quizá quieras retarte a hacer lo mismo en treinta segundos. Si tienes una aplicación de temporizador en tu teléfono o un tienes un reloj, puedes realizar este ejercicio en cualquier lugar y a cualquier hora. Puedes practicar mientras estés en una sala de espera, en la cola del supermercado, o esperando el tren. Todo lo que necesitas es un texto informativo, un temporizador y tiempo de calidad.

Ejercicios efectivos para los ojos

Otra cosa que puede ayudarte a incrementar tu velocidad de lectura es ejercitar tus ojos regularmente. Esto tiene lógica, ya que son ellos los que hacen todo el trabajo. Si tus ojos son débiles, tu velocidad de lectura se verá afectada. Por lo tanto, aumentar la salud y fuerza de tus ojos es de suma importancia en el proceso de desarrollar tus habilidades de lectura rápida. Los siguientes son algunos ejemplos de ejercicios que puedes hac- er en cualquier lugar y en cualquier momento:

Flexiones de ojos. Este ejercicio debería llamarse "flexiones de rostro", ya que utiliza los músculos del rostro y el cuello. Puedes hacerlo siempre que tengas tres o más minutos de tiempo ininterrumpido para gastar. Primero, respira hondo, abriendo tu boca y tus ojos tanto como te sea posible para estirar tus músculos faciales. Luego, exhala lentamente, cerrando tus ojos y apretándolos tanto como puedas mientras aprietas los músculos de tu cabeza, cuello, cara y mandíbula. Mantén esta posición sin respirar por 30 segundos. Haz tres o cuatro repeticiones más para obtener mejores resultados.

Escribir con la vista. Este ejercicio fortalece tus ojos haciéndolos moverse de formas a las que no están acostumbrados. La mayoría del tiempo, nuestros ojos se mueven de arriba a abajo, o de lado a lado. Sin embargo, este ejercicio incrementará el rango de movimiento de tus ojos haciéndolos ir en todas direcciones. Primero, concéntrate en una pared que esté lejos de ti. Luego, pretende que estás utilizando tus ojos para escribir en la pared. En otras palabras, mueve tus ojos de la misma manera en que lo harías al usar un bolígrafo para escribir tu nombre. La variedad de movimientos te ayudará a aumentar la fuerza y agilidad de tus ojos.

48

Mirar de pulgar a pulgar. Este ejercicio es similar al anterior,• solo que se enfoca únicamente en el movimiento de lado a lado de tus ojos. Comienza mirando al frente, extendiendo tus brazos a los lados. Levanta los pulgares como si estuvieras haciendo autostop. Luego, alterna tu mirada de un pulgar al otro diez veces, sin mover la cabeza. Descansa por 30 segundos .y haz tres repeticiones más

Evalúa tu comprensión

Antes habíamos mencionado que la lectura rápida no es solo velocidad, también implica comprensión del texto. Tener la capacidad de leer 600 palabras por minuto no sirve de nada si no puedes entender o retener lo que lees. Por lo tanto, deberías evaluar tu comprensión con la misma frecuencia que evalúas tu velocidad. Esto es simple y no requiere más que contestar unas pocas preguntas tras leer una sección de un texto. De hecho, puedes incorporar esta prueba a las pruebas de velocidad. Después de completar una lectura donde midas el tiempo utilizado, toma un momento para preguntarte por la naturaleza de lo que acabas de leer. Si estás leyendo un trabajo de ficción, intenta recordar los eventos que leíste con tanto detalle cómo te sea posible. Haz una lista de los personajes involucrados, los lugares, y los hechos que ocurrieron. Tu comprensión será directamente proporcional a la cantidad de detalles que seas capaz de recordar.

Cuando estés evaluando tu lectura superficial o escaneo en función del tiempo, revisarás tu comprensión automáticamente cuando hagas una lista de la información obtenida al final del ejercicio. En el caso de la primera, deberías se capaz de contestar preguntas básicas como *quién*, *por qué*, *dónde*, *qué* y *cómo*. Si no puedes hacerlo, aumenta el tiempo que utilizas en el ejercicio o sigue practicando con el tiempo que ya has establecido. Cuando puedas contestar todas las preguntas en el tiempo seleccionado puedes reducirlo, para desarrollar tus habilidades aún más.

Herramientas adicionales para mejorar tus habilidades

Hay muchas aplicaciones en línea que pueden ayudarte a mejorar tus habilidades de lectura rápida. Cada una de ellas ofrece una gran variedad de herramientas y textos, así que es importante que te tomes un tiempo para investigar sobre cada una, para saber cuál puede ser de utilidad. Además, no todas son compatibles con los mismos dispositivos, así que deberás revisar eso antes de intentar adquirirlas. A continuación mencionamos cu:atro de las más populares

ReadMe. ReadMe es un lector de libros digitales que puede• integrar otras herramientas de lectura rápida para ayudarte a conseguir tus objetivos con mayor facilidad. Puedes guardar y subir tu biblioteca persona a ReadMe, lo que te permitirá practicar con materiales que ya conoces. Cuando se usa en conjunción con BeeLine Reader, las palabras en el material se resaltarán en colores, guiando tus ojos de manera más natural, efectiva y eficiente, por las líneas del texto. Esto te permitirá seguir aumentando tu velocidad a la vez que entrenas tus ojos para evitar volver a leer el texto anterior. Cuando se usa con Spritz, puedes leer tus libros favoritos una palabra a la vez, con cada palabra apareciendo a su tiempo en la pantalla. Esto te ayudará a reducir el movimiento de tus ojos al mínimo. Es .compatible con iPhone y con dispositivos Android

Accelerator. Al contrario de ReadMe, Accelerator no funciona• como una biblioteca personal. La función principal de esta aplicación es ayudarte a la lectura rápida de noticias, documentos anexados a tus correos electrónicos, ciertos sitios de noticias en línea y aplicaciones de artículos. Esta aplicación es parecida a las pruebas de lectura de la escuela, donde los documentos se mueven a cierto ritmo para determinar tu velocidad de lectura. El ritmo es ajustable, así que puedes utilizarla para monitorear y aumentar tu velocidad de lectura. .Esta aplicación solo es compatible con iPhone y iPad

Outread. Ésta es quizá la aplicación más versátil entre todas las• que sirven para la lectura rápida. Puedes descargar cualquier libro electrónico que poseas en la aplicación, subir un documento de Word, escoger un libro de la extensa biblioteca de la aplicación, o leer texto en línea pegando una URL o con un enlace directo a una aplicación de noticias. Outread presentará el texto palabra por palabra o resaltando una palabra específica dentro de todo el texto. Adicionalmente, cuenta con un modo diurno y uno nocturno, los cuales te permiten ajustar el brillo de tu pantalla para leer cómodamente. Esta aplicación es compatible con iPhone y iPad

Spreeder. Quizá la más comprensiva de todas las aplicación de• lectura rápida, Spreeder no solo provee herramientas necesarias para practicar la lectura rápida, también te da acceso a reportes de tu progreso; además posee regímenes de entrenamiento. Puedes subir archivos para leer, acceder a tu biblioteca en la nube, o entrar a enlaces de sitios web para tener una selección ilimitada de material de lectura. La aplicación básica es gratuita, pero puedes comprar una mejora que llevará tu lectura rápida a un nivel de entrenamiento completamente distinto. Spreeder es compatible con una gran variedad de dispositivos, .incluyendo iPhone, iPad, Mac, Web y Windows

Conclusión

Ahora que has terminado este libro, tienes todas las herramientas necesarias para desarrollar tus habilidades de lectura rápida. Al identificar y acabar con tus malos hábitos de lectura, puedes librarte de todas las conductas que te han retenido hasta ahora. Una vez que tus malos hábitos hayan desaparecido, podrás reemplazarlos por hábitos que te ayudarán a mejorar tu velocidad de lectura en tres o cuatro veces más. Finalmente, puedes elegir cuáles son las técnicas adecuadas para tu estilo de lectura regular. Así, leas por placer, por trabajo o solo para estar enterado de los eventos actuales, puedes hacerlo en menos tiempo y obteniendo más información que antes. Lo importante es que practiques cada día, así sea por unos minutos. Hacer esto de manera regular te ayudará a desarrollar tu habilidad para leer más rápido que antes, ¡incluso llegando al punto de leer un libro en un día!